yukismart.com/b/86b996

baby

bebis

boy

pojke

friends

vänner

girl

flicka

smile

le

cry

gråta

hair

hår

eye

öga

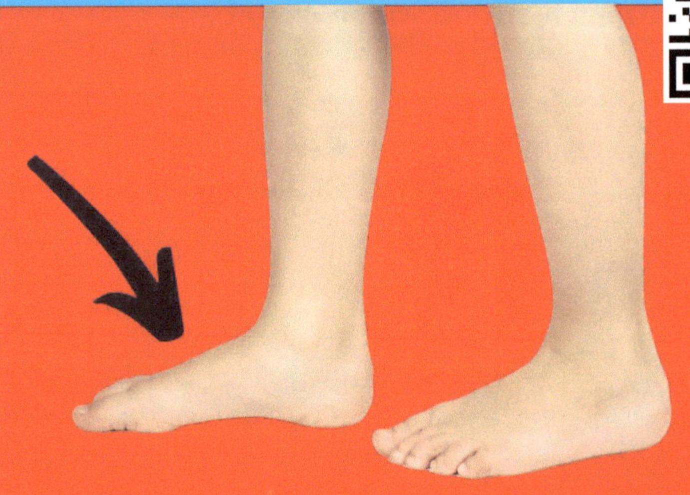

foot

fot

hand

hand

nose

näsa

teeth

tänder

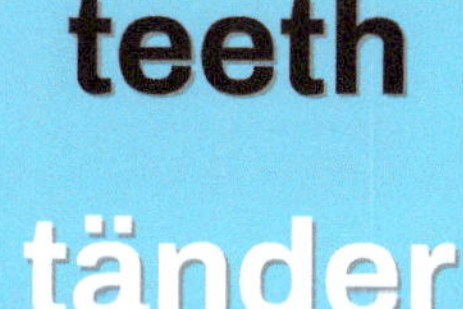

ear

öra

tongue

tunga

sun
sol
moon
måne
star
stjärna

tree

träd

bird

fågel

coat

jacka

pants

byxor

dress

klänning

shoes

skor

red

röd

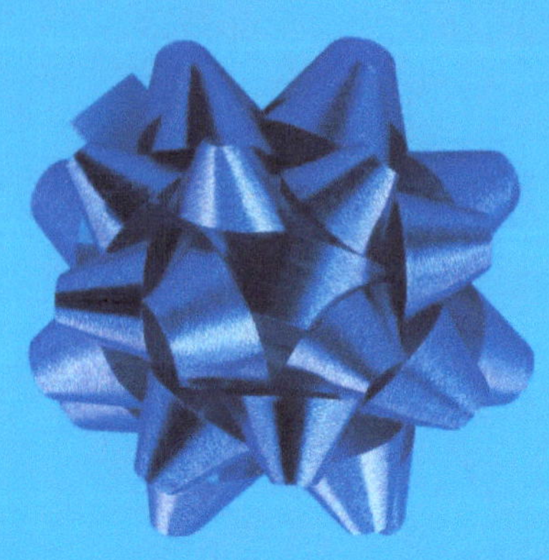

blue

blå

yellow

gul

pink

rosa

white
vit
green
grön
black
svart

multicolored
flerfärgad

rainbow

regnbåge

apple

äpple

banana

banan

tomato

tomat

orange

apelsin

carrot

morot

peas

ärtor

potato

potatis

corn

majs

lemon

citron

grapes

vindruvor

pear

päron

watermelon

vattenmelon

zucchini

zucchini

egg

ägg

mushroom

svamp

square

kvadrat

circle

cirkel

rectangle

rektangel

triangle

triangel

cat

katt

dog

hund

fish

fiskar

cow

ko

duck

anka

chick

kyckling

hen

höna

frog

groda

pig

gris

rabbit

kanin

mouse

mus

horse

häst

sheep

får

flower

blomma

butterfly

fjäril

ladybug

nyckelpiga

snail

snigel

cake

tårta

bread

bröd

clock

klocka

key

nyckel

book

bok

ball

boll

table

bord

plate

tallrik

chair

stol

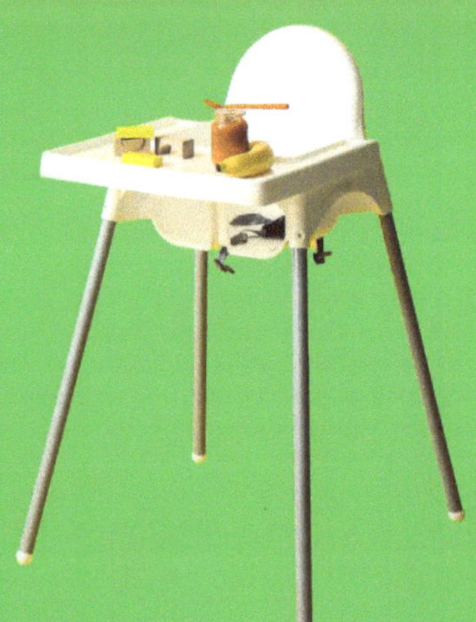

high chair

barnstol

fork

gaffel

knife

kniv

spoon

sked

cup

kopp

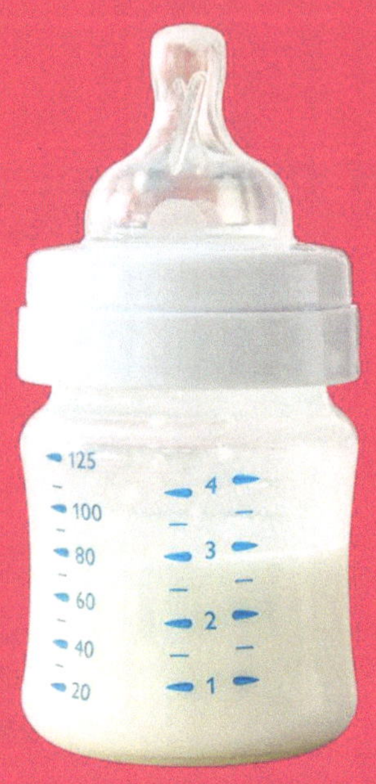

baby bottle

nappflaska

glass

glas

bed

säng

crib

spjälsäng

teddy bear

nallebjörn

pacifier

napp

towel

handduk

sink

handfat

toothbrush

tandborste

soap

tvål

toilet

toalett

potty

potta

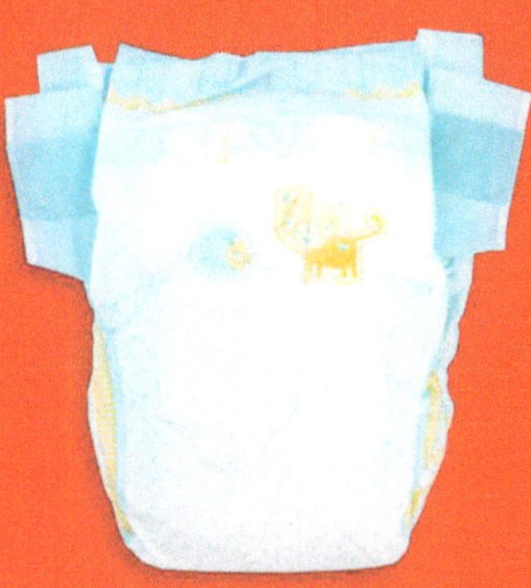

diaper

blöja

car

bil

bike

cykel

plane

flygplan

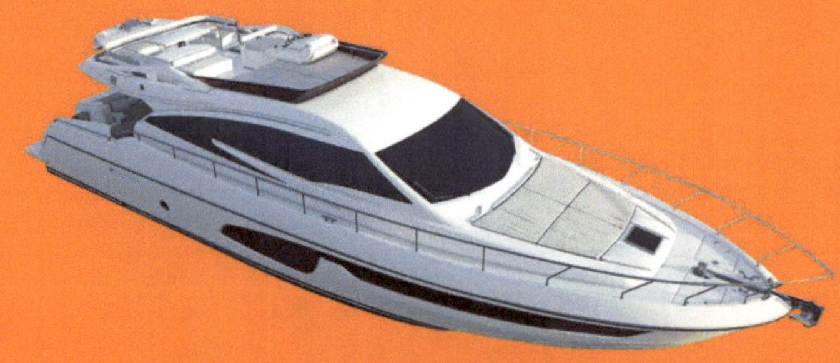

boat

båt

firetruck

brandbil

train

tåg

toys

leksaker